Yh 3419

Paris
1864

**Schiller, Friedrich**

*La Cloche*

*poëme*

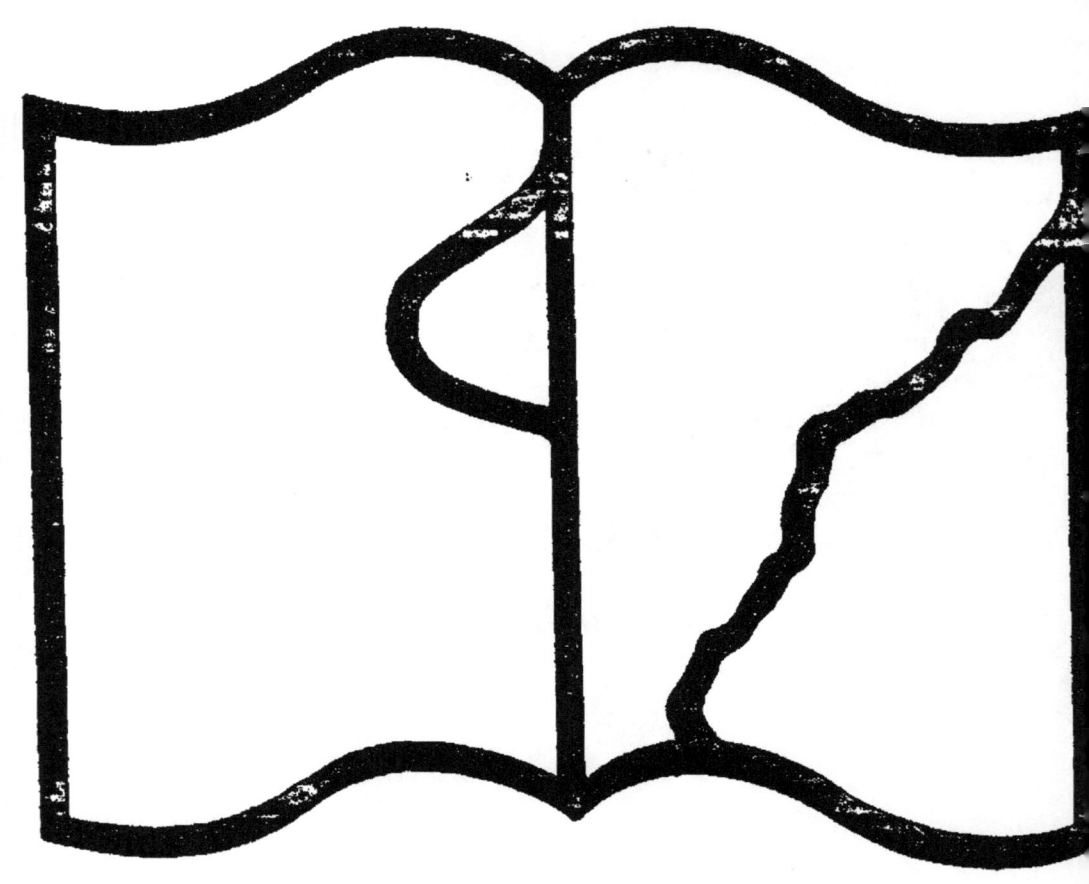

**Symbole applicable
pour tout, ou partie
des documents microfilmés**

Texte détérioré — reliure défectueuse

**NF Z 43-120-11**

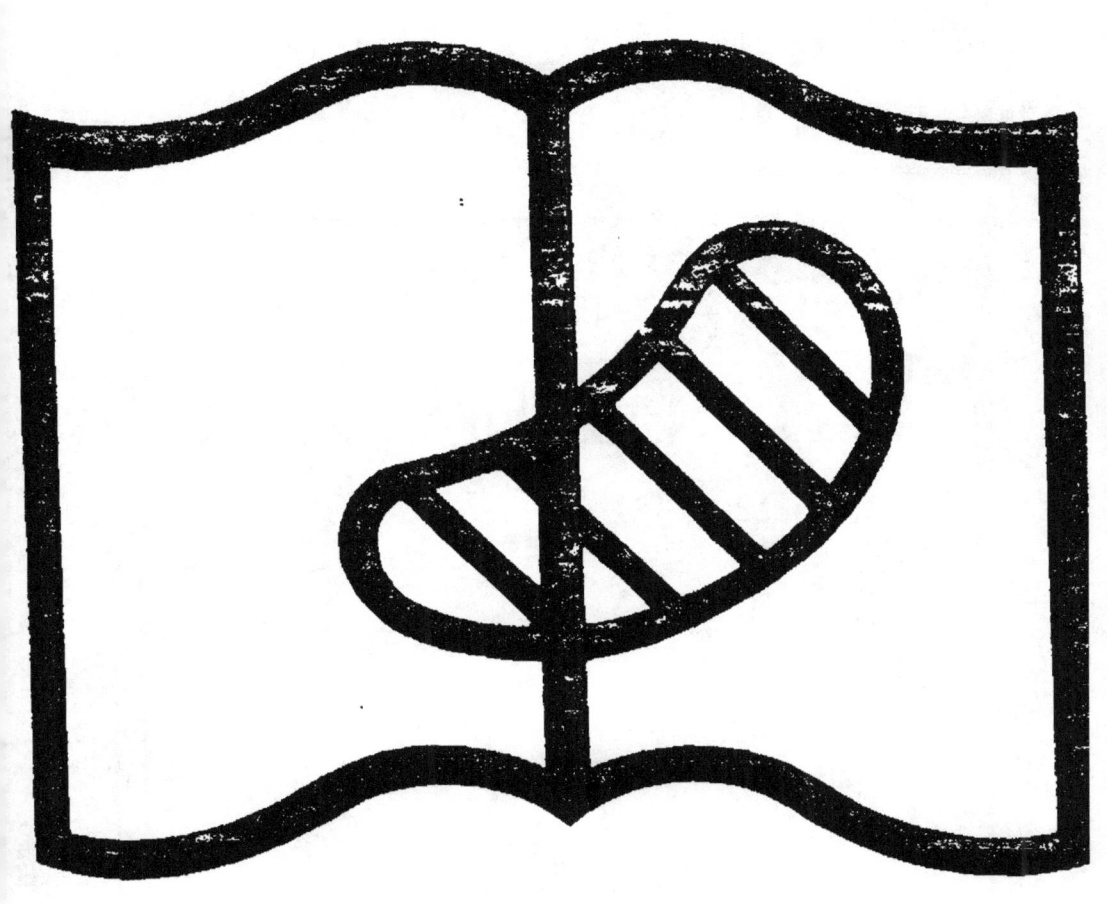

**Symbole applicable
pour tout, ou partie
des documents microfilmés**

Original illisible

**NF Z 43**-120-10

INVENTAIRE
Yh 3.419

# LA CLOCHE

POÈME

DE SCHILLER

TRADUIT EN VERS FRANÇAIS

PAR

G. DE CHAUMONT

PARIS
IMPRIMERIE DE AD. LAINÉ ET J. HAVARD
RUE DES SAINTS-PÈRES, 19

# LA CLOCHE

POËME

DE SCHILLER

TRADUIT EN VERS FRANÇAIS

PAR

## G. DE CHAUMONT

---

PARIS
IMPRIMERIE DE AD. LAINÉ ET J. HAVARD
RUE DES SAINTS-PÈRES, 19.
—
1864.

# LA CLOCHE.

> L'airain retentissant dans sa haute demeure,
> Sous le marteau sacré tour à tour chante et pleure,
> Pour célébrer l'hymen, la naissance ou la mort.
> LAMARTINE.
>
> *Vivos voco; mortuos plango; fulgura frango.*

Par les flammes durci notre moule d'argile
Est fortement fixé dans la terre fragile :
    Courage ! à l'œuvre, compagnons !
    Aujourd'hui la cloche doit naître :
    L'eau doit ruisseler de vos fronts
    Pour que l'œuvre honore le maître.
Que le Seigneur nous donne aide et protection !
C'est du ciel que descend la bénédiction.

Il convient de mêler à l'œuvre sérieuse
Que nous accomplissons de sérieux discours :

Le travail allégé par une ardeur joyeuse
Est toujours moins pénible et les moments plus courts.
L'œuvre qu'enfantera notre faible puissance
Voyons-la désormais avec attention ;
Car il faut mépriser l'homme dont l'inconstance
Ne sait pas réfléchir à sa propre action.
Oui, c'est le glorieux et divin privilége
Que l'homme méconnaît, trop souvent sacrilége :
Oui, la saine raison fut donnée aux humains
Pour penser aux travaux qu'ont façonnés leurs mains.


Prenez du bois bien sec ! embrasez ces ramées,
Afin qu'en s'élevant les flammes comprimées
    Montent jusqu'au creuset d'airain.
    Bien ! faites bouillonner la masse ;
    Mêlez-y promptement l'étain,
    Afin que le bronze tenace
Puisse franchir les murs de son palais brûlant
Et du moule remplir à flots le large flanc.

La cloche que nos mains, dans le sein de la terre,
Forment avec le feu, dans les vastes fourneaux.

Un jour, aux descendants, espérance bien chère !
Sur le haut du beffroi redira nos travaux.
Elle vivra longtemps et sa voix solennelle
Mêlera sa prière à celle du fidèle ;
Elle saura pleurer avec les affligés,
Et rendre aux trépassés les devoirs obligés.
Tout ce que le destin, dans ses nombreux caprices,
Vient enseigner à l'homme en décrets éternels,
Fera vibrer l'airain dont les accents propices
Au loin le rediront pour le bien des mortels.


Le métal bout : je vois monter l'écume blanche ;
Bien ! le bronze fondu de tous côtés s'épanche
    Et la masse est en fusion.
    Elle prend le sel de la cendre
    Qui du feu hâte l'action
    Et rendra la fonte plus tendre.
Mais pour que notre cloche ait un son large et pur
Séparons le métal de tout mélange impur.


Il salue en naissant de son timbre sonore
Le tendre nouveau-né pour qui sourit l'aurore,

Dont la paupière est close aux clartés du soleil,
Et qui vient en ce monde aux bras du doux sommeil.
Sous un épais bandeau ses jeunes destinées
Se reposent encor dans le sein des années.
Tous les soins maternels, par l'amour inspirés,
Veillent près du berceau sur ses matins dorés.
Mais les ans ont passé comme l'éclair qui brille
Et s'éteint. — Et l'enfant laisse la jeune fille ;
Il entre dans la vie, et, nouveau pèlerin,
Auprès d'un autre toit cherche un autre destin.
Il revient étranger aux lieux de sa jeunesse ;
Il voit la jeune vierge et, dans sa molle ivresse,
Admire son sein chaste et le feu de ses yeux ;
Il tressaille, il croit voir une image des cieux.
L'amour emplit son cœur de vague inquiétude,
Un trouble l'agite, il cherche la solitude ;
Des larmes de désir s'échappent de ses yeux ;
Il fuit ses compagnons, il évite leurs jeux.
Timide, il suit les pas de la vierge chérie
Dont un regard furtif peut le rendre à la vie.
Sa main tresse les fleurs dont elle orne au retour
Le front pur de la vierge, où s'allume l'amour.
Doux et tendres désirs ! oh ! charmante espérance !
Age d'or du printemps ! agréable souffrance !

L'œil voit le ciel ouvert aux douces passions,
Et le cœur est gonflé de pleurs, d'émotions !
Oh ! que n'est-il toujours cet âge de jeunesse,
Où l'on sent, où l'on aime, où l'âme est dans l'ivresse !
Hélas ! que ne peut-il se rajeunir toujours
      Ce temps des premières amours !


Voyez comme déjà tous les tubes brunissent !
C'est le signe qu'entre eux les éléments s'unissent.
      Et si par le métal ardent
      Cette baguette est recouverte
      D'un verre clair et transparent,
      Nous coulerons la fonte. — Alerte !
Alerte, compagnons, et voyez si l'airain,
Par un indice heureux, s'allie avec l'étain.

Quand la sévérité s'unit à la tendresse,
La force à la douceur, il n'est point de faiblesse.
Celui qui de l'amour contracte le lien
Doit savoir si le cœur saura répondre au sien.
Le repentir est long, l'illusion si brève !
Et le bonheur souvent s'envole comme un rêve.

L'épouse a revêtu le voile nuptial
Dont elle orne son front et son sein virginal.
La couronne de fleurs vacille sur sa tête
Et les cloches dans l'air invitent à la fête.
Hélas ! le plus beau jour d'un si rapide temps
Est encore le jour qui finit le printemps
Et l'âge d'or. Avec le voile et la ceinture
Tombe et s'évanouit l'illusion si pure.

 La passion s'enfuit, hélas !
 Mais l'amour ne s'éteindra pas :
 Les fleurs du printemps se flétrissent,
 Mais par le temps les fruits mûrissent.
 L'homme, sans crainte de la mort,
 Souvent doit affronter l'orage,
 Il doit lutter, braver le sort,
 Combattre et s'armer de courage.
 Par l'adresse, par le hasard,
 Il faut subjuguer l'infortune,
 L'audace doit être son art
 Et dans son bras est sa fortune.

Alors affluent chez lui les présents des saisons,
Le grenier est comblé de fruits et de moissons,
La maison s'agrandit, s'augmente le domaine,
Et l'épouse au dedans gouverne en souveraine.

La maîtresse de la maison,
Dans le cercle de la famille,
Veille sur le petit garçon
En instruisant la jeune fille,
Elle redouble ses travaux;
Par son ordre et par sa sagesse
Elle apporte des biens nouveaux
Et toujours accroît la richesse.
Elle file au foyer la laine éblouissante,
Le fuseau sous ses doigts tourne en sons murmurants,
Elle peigne du lin la plante bienfaisante
Et comble de trésors les coffres odorants.
Elle associe enfin le luxe au nécessaire
Et jamais n'interrompt son œuvre salutaire...

Et le père joyeux, du haut de la terrasse
D'o.. œil découvre au loin les fertiles sillons,
Contemple avec bonheur l'arbuste qui dépasse
Son tuteur inutile et les blondes moissons.
Il remplit ses celliers des présents des saisons;
Son œil embrasse au loin les plaines ondoyantes.
Il voit des bois ombreux les cimes verdoyantes;
Fier, heureux, il s'écrie avec un juste orgueil :
« Du malheur impuissant ma maison est l'écueil !

« Ferme comme le monde, elle a de l'infortune
« Affronté les efforts ! » — Mais avec la fortune
On ne fait ici-bas aucun pacte éternel,
Et le malheur bien vite accable le mortel.


Le liquide bouillant dans le creuset s'écoule :
Amis ! laissons jaillir le métal dans le moule.
  La cassure donne un beau grain ;
  Mais avant l'épreuve dernière,
  Avant de délivrer l'airain,
  Récitons tous une prière.
Débouchez le creuset !... Le feu sort en sifflant
Et s'engloutit à flots dans le moule en grondant.

Bienfaisante est du feu la puissance divine
Quand le bras du mortel la dompte et la domine !
L'homme la fait alors servir à ses desseins,
Et la fille du ciel obéit à ses mains.
Qu'elle est terrible aussi, cette force céleste,
Échappée aux liens, quand sa course funeste
Suit dans les airs troublés sa propre impulsion,
Gronde et porte partout la désolation !

Malheur ! quand, son courroux croissant sans résistances,
Elle parcourt des cieux les espaces immenses ;
Qu'elle jaillit au sein des quartiers populeux
En allumant partout un incendie affreux !
Car l'élément toujours a hâte de détruire
  L'œuvre que l'homme a pu construire.

  C'est des nuages bienfaisants
  Que tombent les eaux salutaires,
  Gages de présents pour les terres ;
  Mais des nuages menaçants
  Jaillissent aussi les tonnerres.
  Entendez-vous gémir la tour ?
  C'est le cri des tocsins funèbres !
  La flamme a chassé les ténèbres !
  Ce n'est point la clarté du jour !...
  Le tumulte croît dans les rues,
  La fumée obscurcit les airs,
  Le feu s'élève jusqu'aux nues,
  Le ciel est sillonné d'éclairs !
La colonne de flamme en pétillant s'avance
A travers les maisons ; elle grandit, s'élance,
Roule, atteint dans son vol la vitesse du vent.
Comme sorti d'un four s'échauffe l'air brûlant.

Ici les toits avec fracas s'écrasent ;
Poutres, plafonds et fenêtres s'embrasent ;
De tous côtés s'écroulent les débris ;
Les animaux sous les flammes mugissent ;
L'air retentit de clameurs et de cris ;
Dans leur terreur là les enfants gémissent ;
Loin de ces maux tout recule, tout fuit ;
Semblable au jour brille une horrible nuit !...
Sur les débris la pompe mugissante
Fait rejaillir d'immenses gerbes d'eau ;
Mais c'est en vain que la force impuissante
De main en main fait circuler le seau.
Voici qu'en mugissant se déchaîne l'orage ;
Il vient fouetter la flamme en ses longs hurlements,
Et l'incendie au loin s'élance et se propage
En vomissant partout d'horribles sifflements.
Le feu gronde, pétille, embrase la charpente,
Et le hideux fléau, que sa proie alimente,
Envahit en hurlant les trésors du grenier.
Plût à Dieu que des maux ce fût là le dernier !
Mais il semble vouloir même engloutir la terre,
Et, géant redoutable, affronter le tonnerre.
Consterné, l'homme voit l'abri de ses vieux jours,
L'œuvre de ses sueurs s'écrouler pour toujours !

La flamme a tout brûlé dans cet espace vide
Que balayent les vents de leur souffle rapide :
Sur la porte béante habite la terreur,
Le nuage au dessus navigue avec lenteur,
Et la reine des nuits, à découvert, regarde
Les décombres noircis sous son ombre blafarde.
L'homme s'éloigne enfin de ces funestes lieux,
Des larmes de regrets s'échappent de ses yeux.
Quels que soient ce désastre et ce sombre ravage,
Il sent de ses malheurs la consolation ;
Il retrouve les siens, et plein d'émotion,
Confiant, il saisit le bâton de voyage.
Voyez ! pas un ne manque à l'amour paternel ;
Oui, tous sont revenus à son tremblant appel !




Sur le métal ardent la terre s'est fermée ;
Puisse notre cloche être heureusement formée !
  L'airain, pour prix de nos sueurs,
  Vibrera-t-il assez sonore ?
  Hélas ! pour payer nos labeurs,
  Et quand nous espérons encore,

Cruelle incertitude ! un accident fatal
A-t-il brisé le moule ou fendu le métal?

Dans le sein ténébreux de la terre sacrée
Déposons aujourd'hui, par nos soins consacrée,
La cloche que forma le travail de nos mains.
Le laboureur joyeux confie au sol les grains,
Espérant que le ciel fera de la semence
Fructifier le germe et sortir l'abondance...
Nous ensevelissons, accablés par le deuil,
Des objets bien-aimés, semence bien plus chère,
Dans l'espoir que bientôt sortiront du cercueil
Les cendres qu'aujourd'hui nous donnons à la terre;
Que ces restes chéris, source de nos chagrins,
Un jour s'éveilleront pour de meilleurs destins...
Sur le haut du beffroi l'instrument mortuaire
Retentit dans l'église, et, dans ce triste jour,
Ses douloureux accents de leur glas funéraire
Suivent un voyageur à son dernier séjour.
Hélas ! ce voyageur est l'épouse chérie
Que l'ange de la mort à l'époux a ravie.
C'est une mère, hélas ! qu'appelle en gémissant
De ses tristes enfants le cercle florissant;
C'est une mère, hélas ! mère autrefois heureuse,

Enlevée aujourd'hui de ce monde mortel,
Et qui dans son amour, de ses enfants joyeuse,
Les avait vus grandir sur son sein maternel.
Hélas! les doux liens que formait la tendresse
Désormais sont brisés et rompus pour toujours;
Car la mort d'une mère en stérile tristesse,
En regrets, en soucis, a changé ces beaux jours.
C'en est fait pour toujours de sa sollicitude;
Il n'est plus du passé qu'un amer souvenir;
Bien triste est le présent, et le sombre avenir
Apparaît au lointain chargé d'inquiétude.
Au foyer orphelin viendra régner un jour
   Une étrangère sans amour!


Pendant que le métal se refroidit en terre,
Amis, vous pouvez prendre un repos salutaire
   Et vous délasser un moment.
   Lorsque des cieux la reine brille,
   Que dans l'azur du firmament
   L'étoile nocturne scintille,
L'ouvrier libre alors entend l'airain du soir,
Mais le maître jamais n'achève son devoir.

Le voyageur dans la forêt sauvage
Hâte gaiement ses pas vers le village ;
Il voit au loin le toit de sa maison ;
L'homme des champs revient de la moisson ;
A leur bercail vont les brebis bêlantes,
Et les taureaux aux cornes menaçantes
Des prés fleuris rentrent en mugissant
Prendre leur place à l'étable ordinaire.
Le chariot, dans la grange, en grinçant,
Entre chargé des présents de la terre,
Et le bouquet entrelacé d'épis
Étale aux yeux mille couleurs brillantes ;
Les jeunes gens poussent de joyeux cris
Et vont danser aux ombres bienfaisantes.


Le quartier du marché devient silencieux ;
Puis insensiblement dans la cité tranquille
S'éteignent à la nuit et les bruits et les feux.
Sur leurs gonds en grinçant les portes de la ville
Se ferment... Le soir tombe avec l'obscurité,
Et les voisins, entre eux, douce communauté !
S'assemblent pour la veille autour de la lumière...
Les ombres de la nuit voilent la ville entière ;

Mais, effroi des méchants, des nocturnes voleurs,
La nuit n'assiége point de ses sombres terreurs
Le paisible bourgeois dans sa tranquille veille,
Car sur la cité l'œil de la justice veille.


Justice ! ordre sacré ! sainte institution !
C'est toi qui, si féconde, en bienfaits si fertile,
Resserras des mortels la paisible union,
Jetas les fondements de la première ville,
Appelas les humains sous l'abri de tes lois
Et pris l'homme sauvage aux profondeurs des bois.
Sous le toit des mortels embellissant la vie,
Tu pénétras un jour pour adoucir les mœurs,
Enseigner les vertus et réunir les cœurs
Dans un lien sacré, l'amour de la patrie !


Mille bras vigoureux dans un commun accord
S'unissent au travail, aident à la manœuvre ;
Plus puissant est l'élan, moins pénible est l'effort,
Et l'ouvrier bientôt voit se former son œuvre.
Le maître avec lui, fier du produit de ses mains,
Travaille sous l'abri de la liberté sainte ;

Chacun aime sa place et brave les dédains,
Sans que dans ses sueurs il profère une plainte ;
Car le travail toujours honore son auteur ;
Et si les souverains sont fiers de leur grandeur,
Nous pouvons, nous aussi, fiers de notre richesse,
Faire de nos travaux un titre de noblesse.


Union salutaire ! heureuse liberté !
Puissiez-vous ne jamais quitter cette cité !
Puisse ce triste jour ne jamais apparaître
Où la guerre barbare inonderait peut-être
Ce fertile pays, rougirait ces vallons,
Si riants autrefois, du sang des bataillons !
Oh ! puisse dans l'azur l'étoile qui scintille
Ne pas se colorer, s'ensanglanter des feux
Que répandraient au loin le village et la ville
Dont le vent chasserait la flamme jusqu'aux cieux !


Amis, brisons la forme heureusement remplie !
Nos vœux sont exaucés ; la fonte est réussie.

Que le marteau dans votre main
Frappe l'enveloppe de terre ;
Il faut en retirer l'airain,
Rendre la cloche à la lumière ;
Mais, pour que son retour au jour soit annoncé,
Il faut que par morceaux le moule soit brisé.


Le maître peut briser avec expérience
Le moule dont le flanc une fois est rempli ;
Mais malheur ! si l'airain, dans son impatience,
Rompant de sa prison le trop fragile abri,
Vomit partout en feu, rebelle et fier esclave,
Les funestes torrents d'une liquide lave !
Dans son courroux aveugle il crève sa prison
Et l'air au loin troublé répète le tonnerre,
Dont les bouillants éclats ont égalé le son,
Dont les lambeaux fumants ont déchiré la terre.
Car partout où domine un ignorant pouvoir,
L'inconstance et l'erreur succèdent au devoir :
C'est ainsi que le peuple, en son orgueil extrême,
Se perd en désirant se délivrer lui-même.
Malheur ! quand l'étincelle au sein de la cité
A lentement couvé dans un profond silence ;

Quand le peuple aveuglé par sa folle fierté,
Brisant tous ses liens, entreprend sa défense !
L'émeute se suspend aux cordes de l'airain ;
La cloche dont la voix naguère était si pure,
Abjurant désormais son ministère saint,
Annonce la révolte au sinistre murmure.

   Et la foule aux cent voix : « Liberté ! liberté ! »
Ce cri comme un torrent roule par la cité :
Le paisible bourgeois en tremblant court aux armes ;
Le peuple mugissant veut sonner les tocsins ;
La ville retentit de lugubres alarmes
Et le jour voit errer des bandes d'assassins.
La femme, ô sacrilége ! oubliant sa faiblesse,
En féroces plaisirs semblable à la tigresse,
D'une cruelle dent déchire en se jouant
Le cœur de sa victime encore palpitant.
Il n'est rien de sacré ; rien n'excite la crainte :
Dans cet aveuglement la pudeur est éteinte,
Et les bons aux méchants cédant la royauté
Voient éclater partout le vice en liberté.
Ah ! certes du lion le réveil est terrible,
Et le tigre en furie est un spectacle horrible !
Mais combien plus hideux est le peuple irrité,
Enivré par la haine et par la liberté !

Malheur ! malheur à ceux dont la bonté funeste
Vint armer sa fureur de la torche céleste !
Elle n'enlève pas le voile de ses yeux
Et ne sait qu'enfanter et la guerre et les feux.



A nos souhaits comblés le Seigneur est propice,
Puisqu'il veut qu'aujourd'hui notre œuvre s'accomplisse.
    Regardez ! Le métal brillant
    Sous notre marteau se dévoile,
    Et le géant étincelant
    Reluit aux yeux comme une étoile.
Les caractères saints profondément gravés
Attestent du mouleur les talents achevés.



Approchez, compagnons, de la cloche sonore :
Nous allons baptiser l'enfant de nos labeurs.
Appelons-la Concorde, et que dès son aurore
Elle célèbre au loin les noms de ses auteurs.
Puissent les longs accents de sa voix solennelle
Ajouter leur prière à celle du fidèle,

N'assembler des mortels la tranquille union
Que pour des sentiments de paix, d'affection !


Qu'elle soit par le maître à jamais consacrée
A son œuvre de paix, à son œuvre sacrée !
Élevée au-dessus de ce monde mortel,
Elle dominera, voisine du tonnerre,
Dans la tente d'azur que formera le ciel,
Et sa voix couvrira les vains bruits de la terre.
Ses sonores accents, dans les sphères du jour,
S'ajouteront au chœur des brillantes étoiles
Qui dans leur vaste course arrivent tour à tour
Nous montrer des saisons la couronne et les voiles.
Puisse sur le beffroi la bouche de l'airain
N'accorder ses accents qu'aux choses éternelles,
Et qu'à chaque moment, pour la ronger, en vain
Le temps en s'enfuyant la touche de ses ailes !
Qu'elle mêle sa voix à celle du destin !
Que sans compassion, sans regrets, sans envie,
Son murmure accompagne à leur dernier chemin
Les caprices du sort et les jeux de la vie !
De même que l'airain retentit sur la terre
Pour s'éteindre bientôt dans le sein du néant,

De même qu'il enseigne en sa voix salutaire
Que tout bien ici-bas ne dure qu'un instant.

Avec l'aide du câble à sa fosse d'argile
Arrachez maintenant notre cloche fragile ;
  Retirez-la de sa prison...
  Regardez ! L'airain se balance
  Dans la céleste région.
  Qu'en signe de réjouissance
Il chante dans les airs, et, pour nous désormais,
Que ses premiers accents soient des accents de paix.

1861.

FIN.

Paris — Imprimerie de Ad. Lainé et J. Havard, rue des Saints-Pères, 19.

www.ingramcontent.com/pod-product-compliance
Lightning Source LLC
Chambersburg PA
CBHW060628050426
42451CB00012B/2486